CB126612

Sobre a felicidade

ANSIEDADE E CONSUMO NA ERA DO HIPERCAPITALISMO

Sobre a felicidade

ANSIEDADE E CONSUMO NA ERA DO HIPERCAPITALISMO

Renata Salecl

2ª Edição

alameda

situações

Copyright © 2012 Renata Salecl

Grafia atualizada segundo o Acordo Ortográfico da Língua Portuguesa de 1990, que entrou em vigor no Brasil em 2009.

Publishers: Joana Monteleone/Haroldo Ceravolo Sereza/Roberto Cosso
Edição: Joana Monteleone
Editor assistente: Vitor Rodrigo Donofrio Arruda
Projeto gráfico e capa: Cristina Veit
Preparação de texto e revisão: Elisabeth Trettin e Luciana Veit
Produção da segunda edição: Vitor Rodrigo Donofrio Arruda
Imagem da capa: Saída de metrô em Tóquio. Marlos Bakker

CIP-BRASIL. CATALOGAÇÃO-NA-FONTE
SINDICATO NACIONAL DOS EDITORES DE LIVROS, RJ

S155s
2. ed.

Salecl, Renata, 1962-
SOBRE A FELICIDADE: ANSIEDADE E CONSUMO NA ERA DO HIPERCAPITALISMO
Renata Salecl [tradução de Marcelo Rezende].
2. ed.
São Paulo: Alameda, 2012
52p. (Séries)

Tradução de: *Worries in a limitless world*

Inclui bibliografia
ISBN 978-85-7939-144-6

1. Consumo (Economia) – Aspectos sociais. 2. Capitalismo. 3. Comportamento do consumidor – Aspectos sociais. 4. Ansiedade. 5. Consumo (Economia) – Aspectos psicológicos. 6. Consumidores – Psicologia. I. Título.

12-3443. CDD: 306.3
CDU: 366.1

035788

ALAMEDA CASA EDITORIAL
Rua Conselheiro Ramalho, 694, Bela Vista
CEP: 01325-000 – São Paulo, SP
Tel: (11) 3012-2400
www.alamedaeditorial.com.br

Sumário

Will Fergusson, em seu romance *Ser feliz,*[1] projeta nossa sociedade em um momento no qual ela se torna verdadeiramente feliz. Isso acontece após as pessoas ficarem hipnotizadas com um especial livro de autoajuda que, da mais atrativa das maneiras, oferece conselhos sobre como conseguir uma real satisfação na vida. O pequeno livro se transforma em um vírus, que continuamente se espalha pela sociedade. As pessoas que o leem repentinamente abandonam a vida que tinham, simplificam o modo como se vestem, param de comprar maquiagem e cosméticos caros, renunciam à obsessão em mudar seus corpos com a ajuda da cirurgia plástica, cancelam suas inscrições nas academias de ginástica, desistem de seus carros e de outras possessões consumistas e, principalmente, abandonam os antigos empregos, deixando na porta de seus escritórios um aviso: "Fui pescar!" Essas pessoas, que recentemente passaram por uma iluminação, transbordam de tanta felicidade – seus rostos parecem relaxados, seus corpos se movem de maneira alegre e todo comportamento se regozija com serenidade e contentamento. Quando as massas se tornam verdadeiramente felizes, o capitalismo enfrenta um grande problema. Começa uma falência geral das indústrias. Profundamente transtornado, o editor do livro e os líderes capitalistas decidem descobrir uma maneira de parar esse movimento em nome da felicidade. Passam então a procurar pelo autor do perigoso livro de autoajuda. Logo descobrem que não se grata de um guru indiano, como o livro informava, mas de um velho solitário que vive em um trailer. Quando esse homem descobriu que estava com câncer, decidiu deixar uma herança para seu neto escrevendo uma obra que misturava as principais ideias dos livros de autoajuda já escritos. A história termina quando o editor convence o velho que sua obra estava causando mais mal do que bem para o progresso da sociedade. O autor é encorajado a escrever um novo livro sobre como se tornar infeliz, e assim o capitalismo pode florescer outra vez.

As pessoas muitas vezes procuram psicanalistas com a intenção de encontrar a felicidade em suas vidas, e imaginam que o psicanalista é uma pessoa feliz. Se a psicanálise supostamente promove a cura para a infelicidade, então o psicanalista deve ter sido curado dessa patologia para poder ajudar o paciente. Sobre essa expectativa, Jacques Lacan maldosamente acrescenta: "É um fato que nós, os analistas, não negamos nossa competência em prometer a felicidade em um momento no qual essa questão se tornou tão complicada: principalmente porque felicidade, como Saint-Just disse, se tornou um fator político".[2] Mas Lacan conclui que "perdemos nosso tempo, é sabido, procurando a camisa de um homem feliz, e o que chamamos de uma imagem de felicidade deve ser evitada por todo mal que traz".[3]

O romance *Ser feliz* vislumbrou que um livro de autoajuda de verdadeiro sucesso levaria ao fim do capitalismo, porque é precisamente o capitalismo que, de modo constante, nos encoraja a avaliar nosso estado atual de felicidade e, claro, nos faz querer mais. Walter Benjamin pensou o capitalismo como uma forma de religião; como a celebração de um culto no qual o sentimento de culpa tem um grande papel. Sua ideia é que as "preocupações" se tornaram uma doença mental característica da era do capitalismo.[4] Quais tipos de tormentos nos tomam hoje? A previsão de Benjamin, de que os sentimentos de culpa são uma crucial parte do capitalismo, é ainda verdade? Ou algo muda no início do século 21?

Benjamin mantinha uma relação conflituosa com a psicanálise; de todo modo, observando a natureza dos transtornos e da culpa hoje em dia, nossa atenção é voltada para o que a psicanálise diz sobre o modo como o capitalismo afeta a subjetividade. Este livro tratará das preocupações no contexto da lógica da proibição social que encontramos no capitalismo tardio. Se hoje, por um lado, as pessoas parecem encontrar cada vez menos limites externos – que no passado eram transmitidos com a ajuda das autoridades tradicionais (o pai, o Estado ou líderes religiosos) – por outro lado, elas impõem novas proibições para si mesmas.

“Seja você mesmo!”

No Ocidente, as pessoas não apenas têm a impressão de que as possibilidades de encontrar a satisfação na vida são infinitas, como também são encorajadas a ser uma espécie de inventoras de sis mesmas, isto é, elas são supostamente livres para escolherem quem querem ser. Mas, nessa sociedade altamente individualizada, que priorizaria as liberdades individuais sobre as causas de um grupo, o indivíduo enfrenta um ansioso e provocante dilema: “Quem eu sou para mim mesmo?”

A resposta para a questão não é de maneira alguma simples, e essa é a razão pela qual há uma imensa indústria de conselhos que tenta guiar as pessoas na busca por sua "essência". Na capa de um recente número da revista *Cosmopolitan*, podemos ler a promessa de que a revista ajudará você a "ser você mesmo, só que melhor"; na internet, vários sites de astrologia fornecem gratuitamente exemplos de descobertas sobre o "verdadeiro você"; e na televisão vê-se que é possível passar por uma remodelação total do corpo, o que supostamente permite forjar uma nova imagem corporal na qual alguém pode se sentir confortável consigo mesmo. O presidente Bush teria dito "Eu sou quem eu sou, e quero me tornar quem eu sou". O "eu" é algo a que se aspira, como a última moda ou o mais recente objeto de consumo. A autoaspiração e o "eu" reinventado são sedutores.

A vencedora de um programa *Big Brother*, na Inglaterra, foi uma travesti portuguesa, Nadia Almada. Quando soube que tinha vencido, sua resposta foi: "Agora estou sendo reconhecida como mulher". Uma questão é a razão pela qual Nadia se tornou tão popular com o público britânico. Parece, a partir da anedótica evidência, que muitos daqueles que votaram nela acharam sedutora sua viagem de autodescoberta, a realização de um desejo: fazer algo completamente diferente de si mesmo. Com sua autotransformação, ela pareceu encarnar para o público a ideologia da autocriação que hoje sustenta a sociedade de consumo. Talvez não seja surpreendente que psicanalistas relatem estar encontrando numerosas pessoas que chegam nos consultórios com um pedido: "Eu quero me reinventar". Mas, nessa tentativa de se refazer e se tornar alguém único, é facilmente possível identificar um padrão de uniformidade. Walter Benjamin tinha já apontado esse movimento em direção à padronização quando observou:

> A economia de mercado reforça a fatasmagoria da uniformidade que, intoxicadora, evidencia ao mesmo tempo a figura central da aparência... O preço faz a mercadoria idêntica a todas as outras mercadorias que podem ser compradas pelo mesmo valor. A mercadoria se identifica... não tanto e não somente com seus compradores mas com seu preço.[5]

Essa fantasmagoria da uniformidade pode ser facilmente percebida no modo como a ideologia da "autocriação" opera. Embora as pessoas sejam constantemente lembradas a fazer de si mesmas o que querem, então na verdade seguindo os ideais da padronização. Basta olhar os resultados da remodelação do corpo na TV e ter a confirmação de que, pelo preço pago pelo novo corpo, alguém está comprando a imagem corporal a que todos aderem.

A ideologia que promove o *motto*: "Seja você mesmo", e conta com a propaganda feita pela Nike: *"Just do it"*, encoraja também a ideia de que as pessoas precisam estar aptas a "administrar" a si mesmas. As pessoas são constantemente lembradas pela mídia dominante a trabalharem seus relacionamentos,[6] a paternidade, a fim de se tornarem pessoas melhores e especialmente serem capazes de manejar seus próprios sentimentos.

Uma simples busca na livraria virtual Amazon.com sobre como lidar com um sentimento como a raiva resulta em uma lista de 95 mil livros que tratam do assunto. Uma rápida observação dos títulos dá a impressão de que a raiva é um grande problema na sociedade de hoje. Nós parecemos viver em uma *Armadilha da raiva*, estamos lidando com *A dança da raiva*, *Raiva mata*, há o *Enigma da raiva*, que causa *Desordem da raiva*; e há *Mulheres raivosas* que parecem experimentar raiva de uma maneira diferente da dos homens. Especialmente importante é *Ajudando seu filho raivoso* a se tornar "imune à raiva". Na maioria, são livros que oferecem conselhos sobre como se livrar de sentimentos de fúria. *Administração da raiva*, *Superando a raiva*, *Além da raiva*, *Conquistando a raiva*, *Deixando a fúria partir*, *O controle da raiva*, *Curando a raiva*, *Trabalhando com a raiva*, *Tomando conta da raiva* são apenas alguns dos títulos dos livros que supostamente nos ajudam a lidar com essa emoção. Mas o próximo passo é *Honrar sua raiva*, ir *Da raiva para o perdão* e, especialmente, perceber que *Raiva é uma escolha*.

A ideia de que supostamente somos capazes de nos administrar, e que existe uma escolha sobre como lidamos com nossas emoções, está ligada a percepção do "eu" que domina a sociedade no capitalismo tardio. Hoje, o verdadeiro "eu" é cada vez mais autoconstruído e, mais do que isso, um projeto individual.

Nos anos 1980 e 1990, a partir do trabalho de Michel Foucalt,[7] teorias acadêmicas enfatizaram a construção social do "eu". Hoje, a autoconstrução se tornou um imperativo cultural no Ocidente, e a ênfase não está na determinação social, mas no projeto de "autofabricação". Isso está relacionado ao que Ulrich Beck[8] e outros têm chamado de "individualização". A individualização toma muitas formas, mas envolve sempre a "fetichização" do ser autônomo, aquele que se recusa a reconhecer a ideia de que a sociedade pode impor limites à autoaspiração. Paradoxalmente, a ideologia de um mundo sem limites é ela mesma um produto do capitalismo tardio e guia incansável de uma sociedade de consumo com ênfase na escolha e na possibilidade sem fim.

Se, de um lado, vivemos sob a suposição de que tudo na vida pode ser uma escolha (além das escolhas de consumo e opções políticas, podemos escolher não apenas a aparência, mas nossa orientação sexual, se teremos filhos ou não, qual tipo de tratamento médico queremos), de outro, a própria escolha parece provocar ansiedade[9] e ser profundamente insatisfatória.[10] Essa é a razão pela qual muitas vezes ouvimos na mídia popular que nossa sociedade, na verdade, sofre de uma tirania da escolha e da abundância de liberdade.

O filósofo existencialista e escritor Albert Camus descreve de belíssima maneira como tudo na vida é uma questão de escolha: "Devo me matar ou tomar uma xícara de café?" Isso não quer dizer que nossa existência seja simplesmente definida pelas escolhas que fazemos na vida; nossa existência é uma questão de escolha.

Em relação às escolhas na vida, Freud fez comentários bastante céticos. Quando um amigo perguntou a Freud se deveria se casar ou não, Freud teria dito que quando se trata de pequenos assuntos da vida, deve se pensar longa e duramente antes de tomar uma decisão, mas quando chegam os grandes, como se casar ou ter filhos, a pessoa deve apenas fazer. Alguém poderia especular que não importa o que nós racionalmente escolhemos nessas circunstâncias, nunca estaremos aptos a determinar o resultado de nosso comportamento porque o inconsciente nos guia sempre por caminhos que não podemos controlar.

Problemas com as escolhas na era da dissolução do Grande Outro

A escolha do consumidor parece ser o mais opressor problema no atual capitalismo. Barry Schwartz inicia seu livro, *The paradox of the choice*, com a dificuldade que o consumidor enfrenta quando quer comprar uma simples calça jeans.[II] Justa, reta, larga, descontraída, *baggy* ou *extra-baggy*? As calças devem chegar até o tornozelo, o comprimento normal ou mais longas? Lavada ou escura? Azul ou preto? Zíper ou botões? As escolhas do consumidor se tornam uma fonte de ansiedade quando, em qualquer supermercado, precisamos escolher entre 85 marcas de biscoito, 285 tipos de *cookies*, 360 shampoos e 275 ofertas de cereal; ou quando estudantes universitários na *Ivy League* norte-americana precisam optar entre 350 cursos de educação geral. Embora as compras sejam percebidas como um dos nossos passatempos preferidos, no capitalismo avançado de hoje o prazer é cada vez mais reduzido.

Uma área na qual a escolha é especialmente traumática é a medicina. Médicos hoje não ocupam mais uma posição de autoridade – decidindo o que é melhor para seus pacientes. Eles apenas informam aos pacientes sobre suas opções e a decisão cabe aos doentes, que dão seu consentimento após serem informados sobre seus casos.[12]

Mas as pessoas realmente querem escolher um tratamento quando ficam seriamente doentes? A ideia da escolha parece ser atraente até o instante no qual se enfrenta uma questão de vida ou morte, quando as coisas ficam difíceis, e então se espera que algum outro – uma autoridade que supostamente tem o conhecimento – escolha em nosso nome. Uma pesquisa mostra que quando foi perguntado a um grupo de pessoas saudáveis se elas queriam escolher a forma de tratamento se elas tivessem câncer, 65% disseram sim. Mas, entre as pessoas que estavam realmente doentes, apenas 12% quiseram escolher.[13]

Por que tal descontentamento em relação à escolha? Schwartz acredita que o problema seja escolhas demais. Citando pesquisas psicológicas que mostram que pessoas expostas a menos escolhas estão mais satisfeitas, ele propõe várias formas de autolimitação, que o consumidor deve impor a si mesmo para se sentir mais feliz em relação à sua escolha. Assim, alguém deve "escolher quando escolher"; ser aquele que escolhe e não apenas apanha; estar contente com o "suficientemente bom"; fazer decisões irreversíveis; praticar uma atitude voltada para a gratidão; se arrepender menos; antecipar a adaptação; controlar as expectativas; abolir a comparação social e, especialmente, "aprender a amar as adversidades".

Por que é necessário que uma pessoa invente todas essas táticas de auto-restrição? Quando as pessoas reclamam que há escolhas demais na sociedade de hoje e que elas muitas vezes são forçadas a escolher entre coisas que elas não gostariam (como qual empresa fornecerá energia para suas casas), elas muitas vezes expressam a ansiedade de que ninguém está se ocupando da sociedade como um todo ou que alguém (por exemplo, as corporações) está "escolhendo" antecipadamente o que os indivíduos supostamente precisam.

Essas reclamações muitas vezes dizem respeito aos problemas das pessoas com o que a psicanálise lacaniana chama de Grande Outro – uma ordem simbólica na qual nascemos e que consiste não apenas de instituições, cultura, mas primariamente da linguagem que molda nossa esfera social. É um senso comum lacaniano que o Grande Outro não existe, significando que a ordem simbólica na qual vivemos não é coerente, mas marcada por falhas, isto é, inconsistente. Uma vasta literatura tem sido escrita a fim de saber o que essa inconsistência significa, e um meio de perceber a falta que marca o social foi pensá-la em termos de vários antagonismos que marcam esse mesmo social.[14] Além de declarar que o Grande Outro não existe, Lacan realçou a importância da crença das pessoas de que ele exista. Essa é a razão pela qual Lacan, de modo sinistro, conclui que embora o Grande Outro não exista, ele funciona, isto é, a crença das pessoas em sua existência é essencial para a autopercepção dos indivíduos.

O ato da escolha é traumático precisamente porque não há um Grande Outro: fazer uma escolha é sempre uma prova de fé onde não existe nenhuma garantia. Quando tentamos criar mecanismos pessoais que nos ajudarão a sentir satisfação com nossas escolhas e menos obsessão com o ato de escolher, estamos apenas "escolhendo" um Grande Outro, isto é, inventando uma estrutura simbólica que supostamente aliviará nossa ansiedade diante do abismo da escolha. O problema é ser sempre a própria existência do Grande Outro uma "escolha" nossa – criamos a fantasia de sua consistência, e fazendo isso escolhemos a possibilidade de não escolher.

O tipo de crença que as pessoas têm no Grande Outro difere de sujeito para sujeito. Há especialmente uma grande diferença entre aqueles para quem pode ser possível afirmar que possuem uma estrutura neurótica e outros que são psicóticos. Enquanto os neuróticos têm muitas dúvidas, incertezas e reclamações a respeito do Grande Outro, os psicóticos podem desenvolver uma percepção muito mais ameaçadora do

Grande Outro e, por exemplo, começar a perceber a si mesmos como seres perseguidos por uma voz e olhar invisíveis, oprimidos pela presença imensa do Grande Outro.

As incertezas com as quais os neuróticos lidam provam que o Grande Outro não existe como um todo coerente. E essa é a razão pela qual os neuróticos muitas vezes se engajam em um jogo de busca por um mestre que parece estar no controle (e assim aparece como um consistente Outro), enquanto ao mesmo tempo tentam subverter a autoridade do mestre. Com esse gesto, neuróticos, de uma maneira paradoxal, tomam conhecimento da inconsistência do Outro.

Nos últimos anos tem havido um crescente debate sobre uma possível mudança na percepção do Grande Outro. A estrutura simbólica do capitalismo tardio mudou? Ou foi a crença em um Grande Outro alterada quando as autoridades tradicionais, que são frequentemente vistas como encarnação do Grande Outro (como Estado, Igreja, nação etc.) perderam sua força? Pierre Legendre, há uma década, já expressava uma visão catastrófica sobre a perda das proibições sociais avisando: "Nós não entendemos que aquilo que reside no coração da cultura ultramoderna é apenas e tão somente a lei: que essa noção essencialmente europeia traz uma espécie de vínculo atômico cuja desintegração carrega o risco do colapso do simbólico para as gerações que virão".[15] Referindo-se à psicanálise, Legendre ressalta que a entrada do sujeito na linguagem envolve um ato de separação.

O que a psicanálise designa por fórmulas gerais, como o original ou a lei do pai, nada mais é do que uma separação original que inaugura a vida subjetiva (no sentido de uma separação da criança da entidade materna), sujeita à lei de diferenciação através da fala. A partir de então, separação supõe um lado (*écart*), a representação do vazio, a integração, pela sociedade e pelo sujeito, da categoria de negatividade.[16]

Legendre explora a possibilidade de que a cultura Ocidental tenha desistido de "introduzir o sujeito à instituição do limite", enquanto outros autores se perguntam se, no limite, desistimos também da categoria de negatividade. É uma reflexão comum hoje a de que o sujeito está sob uma pressão constante para que desfrute – ele deve achar maneiras para preencher sua falta. A mídia, especialmente, parece contribuir para essa "pressão em direção ao prazer".

O que tudo isso significa, quando ouvimos filósofos como Legendre dizerem que vivemos em um mundo sem limites, psicanalistas[17] especulando que o homem está cada vez mais sem âncora, sociólogos teorizando que as pessoas se sentem inseguras e infelizes precisamente porque elas parecem ter mais escolhas em suas vidas do que costumavam ter no passado? Nós realmente vivemos em um mundo sem limites? Antes de poder responder a questão, é preciso explicar o que significa o limite. A psicanálise tem pensado sobre a lógica do limite com a qual cada ser dotado de fala é obrigado a lidar.

Um dos pilares da teoria lacaniana é a ideia de que o sujeito, ao se tornar alguém dotado de fala, passa por um processo de castração simbólica e é marcado por essa ausência. É através do pai que a castração é transmitida para a criança. Isso não significa que o pai seja uma figura castradora. O agente da castração é a linguagem. É o significante que proíbe o prazer primordial ao substituir a coisa pela palavra. O papel do pai é ser o agente do significante, isto é, ele "nomeia" a proibição. Mas essa proibição não chega ao ser pelo simples "Não!" dito pelo pai, que limita a íntima relação entre a mãe e o filho. Para que a proibição aconteça, não é nem mesmo necessário estar o pai presente, porque crucial é o modo como a proibição faz parte de cada discurso com o qual a mãe (ou o responsável direto) se dirige à criança. Esse é o motivo pelo qual Lacan, ao se referir à lei simbólica, usa o termo "Nome-do-Pai". Embora na cultura patriarcal seja muitas vezes o pai que transmita a lei simbólica, o pai, na verdade, não personifica essa lei. A lei simbólica que "castra" o sujeito está efetivamente ligada ao modo como a linguagem opera no sujeito, e o pai é apenas um transmissor dessa operação. Mas é crucial ser o pai ser também castrado. Assim, em última análise, o pai é o agente da castração apenas e se a castração passar por ele. Se o verdadeiro pai não estiver presente, ou se de nenhuma maneira representar a lei simbólica, as coisas podem não terminar mal para o sujeito desde que existam outras maneiras pelas quais a criança seja marcada pela lei simbólica (isto é, o discurso da mãe ou a influência de outra pessoa significativa na vida da criança).

Embora a falta que marca o sujeito seja percebida por este como a perda de algo essencial para a *jouissance,** é na verdade um marco da subjetividade – isto é, como o sujeito é marcado por uma falta, constantemente tenta recuperar o objeto que percebe como a encarnação do prazer perdido e que pode preencher o vazio. O próprio fato de o sujeito ser marcado pela falta é então a máquina que mantém o desejo vivo.

Quando lida com a falta, o sujeito encontra também um problema, o do Outro que falta, significando que, de um lado, a ordem social simbólica é inconsistente, e, por outro lado, os outros, como por exemplo os pais, também são marcados pela falta. O maior produtor de ansiedade para o sujeito é como ele aparece no desejo do Outro. Como não existe um coerente Outro capaz de aplacar o sujeito e responder qual tipo de objeto o sujeito é para o Outro, o sujeito constantemente interpreta, lê as entrelinhas do que os outros dizem, procura analisar os gestos dos outros etc.

Se essas são preocupações "normais" que as pessoas têm em relação à falta que as marca e à ordem social simbólica, qual é então a mudança nas preocupações que pertencem ao capitalismo, evocadas por Benjamin há mais de meio século?

Nos anos 1970, Lacan observou que em um sistema capitalista desenvolvido a relação do sujeito no campo social

---

* Em francês no original. Em português é usual traduzir como "gozo" [N. T.]

pode ser observada formando um discurso particular. Nesse "Discurso do Capitalismo"[18] o sujeito se relaciona com o campo social de um modo que ele ou ela toma a si mesmo como mestre. O sujeito é não apenas percebido como totalmente em mudança de seu "eu", o sujeito parece ter também a força para recuperar a perda da *jouissance*. No capitalismo, o sujeito é então visto como uma agente que possui um poder enorme.

O que significa estar o sujeito na posição de tal agente? Primeiro, ele parece estar livre da submissão à sua história e genealogia, e assim livre de todos os registros significativos. Parece estar livre para escolher não apenas os objetos que trazem satisfação, mas também a direção de sua vida, ou seja, o sujeito escolhe a si mesmo.

Lacan afirma que uma pessoa encontra no "Discurso do Capitalismo" rejeição, ou melhor, forclusão* da castração. Essa forclusão acontece quando a sociedade funciona cada vez mais sem limites, na qual parece existir uma pressão constante em direção a algum tipo de *jouissance* sem fim. Esse empuxo em direção a *jouissance* a todo custo é especialmente visível em todas as formas de toxicomania – no excessivo consumo de álcool, drogas, shopping, trabalho etc.[19] O capitalismo transforma cada vez mais o escravo proletário em consumidor livre. De todo modo, consumo sem limites provoca, paradoxalmente, o momento no qual o sujeito passa a "consumir a si mesmo".

* Do francês *forclusion*, termo que designa o "mecanismo psíquico de rejeição das representações insuportáveis, antes mesmo de se integrarem ao inconsciente do indivíduo" (*Houaiss*) [N. T.]

E embora o sujeito no "Discurso do Capitalismo" seja percebido como tendo totalmente o controle de si mesmo, e sendo particularmente capaz de fazer inúmeras escolhas, é possível perceber uma paradoxal tendência: essa possibilidade de escolha abre as portas para um aumento da ansiedade. Uma das maneiras de lidar com essa ansiedade é a forte identificação com o mestre. Este permite ao sujeito abandonar suas dúvidas e evitar a escolha e a responsabilidade, e assim, de algum modo, encontrar alívio para a própria existência.

O sujeito que parece estar liberado das amarras sociais paradoxalmente aparece sem força diante do Tempo (Baudelaire): "Envelhecer, morrer, inscrever a si mesmo em uma sucessão de gerações, tudo isso se torna cada vez mais difícil. Se alguém vive a ilusão de um presente eterno, a criança corre o risco de ser nada além do que um outro objeto, provocando mais estorvo do que um bassê, mas menos original do que um cachorro-robô".[20] Não é difícil concordar com a ideia de que envelhecer parece alguma coisa inaceitável e dramática na sociedade de hoje. Podemos até mesmo dizer que envelhecer, também, se mostra uma questão de escolha – resta a cada indivíduo "fazer" alguma coisa contra o envelhecimento, ou melhor, não mostrar seus sinais, assim como seguir as muitas soluções propostas para como prevenir a morte.

Como o Grande Outro se transforma no capitalismo tardio

O psicanalista francês Charles Melman vê a mudança na percepção que o sujeito tem do Grande Outro como estando relacionada à opressora suposição de que o mundo é racionalmente organizado. Essa suposição está também por trás da ideia de uma escolha racional. O domínio do Grande Outro parece estar transbordando de informação que, supostamente, ajudaria as pessoas nas escolhas em suas vidas. Mas essa expansão de informação termina aumentando a insatisfação. A conclusão pessimista de Melman é que a percepção de uma organização racional no mundo conduz, algumas vezes, a um ponto no qual não há espaço para a alteridade do Outro – isto é, um espaço onde não há nenhum Grande Outro.

Há quase uma década, dois outros psicanalistas franceses, Jacques-Alain Miller e Eric Laurent, também especularam sobre o desaparecimento do Grande Outro na sociedade atual, e que a obsessão atual com diferentes comitês éticos provam essa mudança.[21] O desenvolvimento científico levantou muitas questões e não há autoridades que possam ser encontradas por quem procura respostas; essa é a razão pela qual criamos várias estruturas temporárias, *ad hoc*, como comitês. Estes supostamente nos ajudam a lidar com a inconsistência do Grande Outro, mas, é claro, sempre fracassam em fornecer a certeza que procuramos. No entanto, temos razão em sermos pessimistas em relação à ordem social na qual vivemos?

O filósofo francês Dany-Robert Dufour apresenta sua própria versão de uma visão pessimista sobre o fim de nossa estrutura simbólica. Dufour parte de uma ideia de Freud, de que cada cultura forma, a seu modo, os sujeitos que, por sua vez, tentam entender as sempre específicas pegadas que os levam à sua origem: "Essa é a razão pela qual o Outro é pintado, cantado, dá-se a ele uma forma, uma voz, é encenado, cria-se uma representação, até mesmo uma super-representação, incluindo a forma do irrepresentável".[22] O Outro suporta por nós o que não suportamos – isso cria o campo onde nos criamos. Por isso, nossa história é sempre a história do Outro, ou melhor, figuras do Outro. Dufour aponta que o sujeito é sempre o sujeito do Outro, que no passado tomou muitas formas de algum tipo de grande Sujeito – Physis, direito divino, o povo etc. Através da história, a distância entre o sujeito e esse Grande Sujeito se reduziu. Com a modernidade, houve o surgimento de uma pluralidade de grandes Sujeitos, algo que está ligado ao declínio da força da Igreja e à expansão do progresso científico. Mas esse sujeito se torna cada vez mais descentralizado em relação a ele – ou a si mesmo. Dufour conclui que na pós modernidade não há mais um Outro no sentido de um Outro simbólico, um conjunto incompleto para o qual o sujeito pode endereçar um pedido, fazer uma pergunta ou apresentar uma objeção. Isso equivale a dizer que a pós-modernidade é repleta de *semblants** do Outro.[23] Nessa fase tardia da sociedade capitalista, o mercado surge como uma forma de grande Sujeito. Seguindo as previsões de Benjamin sobre o capitalismo como nova forma de religião, alguns dizem estar o Mercado agora se parecendo com um novo Deus e qualquer oponente do dogma do livre mercado é rapidamente chamado de herege.

Na cultura de hoje, o sujeito está permanentemente descentralizado, mas também o espaço simbólico ao seu redor se torna cada vez mais alienante e difuso. Debates sobre a pós-modernidade têm se focado no fato de não existir mais

---

* Em francês no original. Em português é usual traduzir como "semblante" [N. T.]

grandes narrativas, não haver mais poderosas autoridades com as quais o sujeito possa se identificar, que o individualismo parece ter sido levado ao seu limite e assim o sujeito percebe cada vez mais a si mesmo como um autocriador.

Dufour define o Iluminismo como o momento no qual o sujeito se torna auto-referencial, quando este para de se referir a um Ser externo, como Deus, terra ou sangue, para confirmar sua existência como sujeito e, de alguma maneira, se tornar sua própria origem. É facilmente possível concordar com essa suposição e confirmá-la ao olhar para a noção de direitos humanos que surgiu no tipo de organização pós-Iluminista da sociedade. Direitos humanos supostamente deveriam precisamente proteger essa auto-referência do sujeito. Desde que a expansão dos direitos do homem seguiu, cada vez mais, no sentido de negligenciar os determinantes externos como raça, sexo e idade, protegendo o sujeito como um ser neutro, é possível especular que os direitos, em última instância, protegem o sujeito de uma certa falta, uma indeterminação primordial que está em sua essência. Quando reivindicamos nossos direitos sem levar em consideração raça, classe, sexo etc., parece que estamos dizendo "Eu sou quem eu sou, por isso tenho direitos".

Os novos psicóticos?

A ideologia do capitalismo de hoje parece propor: "seja o que você quiser!", e reside na proposição de que o sujeito é seu próprio criador. Essa tendência em promover a autocriação contribui para o aparente aumento dos problemas psicológicos que estão no campo da psicanálise? Devemos acreditar que os problemas levantados por Benjamin aumentaram hoje em uma escala capaz de promover sérias mudanças na subjetividade?

É fácil admitir que houve mudanças na percepção do sujeito sobre si mesmo, assim como na percepção do Grande Outro, mas é correto concluir que essas mesmas mudanças contribuíram para o aumento da psicose? A psicanálise lacaniana toma como psicóticos pessoas para quem as proibições sociais não foram operativas do mesmo modo que, por exemplo, em relação aos neuróticos. O assim chamado "Nome-do-Pai", a lei social simbólica, foi bloqueada, e uma castração não esteve em operação na educação de um psicótico.

Os psicóticos são pessoas que têm uma maneira muito própria de ver a realidade, que não concordaram – na famosa frase formulada por Freud – em abandonar algo para ser parte da sociedade. Tais indivíduos muitas vezes funcionam perfeitamente durante longos períodos de tempo até um pequeno evento em suas vidas desencadear a mais completa alucinação. Como em um caso de Freud, Schreber, que era um juiz respeitável até o instante em que foi eleito para a direção da Suprema Corte de Justiça, e passou a acreditar na ideia de que estava se transformando em uma mulher em contato direto com Deus.

Hoje, psicanalistas franceses observam atentamente as assim chamadas psicoses não desencadeadas, nas quais não há delírio que aponte o fato de que a pessoa tem uma estrutura psicótica. Então, alguns revivem a ideia de Helen Deutsch, das personalidades "como se": pessoas que podem não desenvolver uma psicose plena como Schreber, mas, no entanto, possuem uma estrutura psicótica. Alguns analistas chamam esses casos de "psicose ordinária" ou "psicose branca". O que separa esses indivíduos dos neuróticos é que eles muitas vezes expressam uma enorme certeza em relação à sua percepção da realidade. São pessoas sem dúvidas.

Um psicanalista francês relata o caso de um paciente masculino que teve um grande número de carreiras de sucesso em sua vida. Quando jovem, fez amizade com um proeminente advogado e se tornou, ele mesmo, um advogado de sucesso. Depois, encontrou um marinheiro na rua e o seguiu no mercado marítimo. Em seguida, um homem de negócios, e assim sucessivamente. Ao contrário de Schreber, essa não era uma forma delirante de psicose provocada por um evento particular, mas uma série de identificações sucessivas, nas quais o paciente não apenas mimetizava outros indivíduos, mas usava essa poderosa identificação com as pessoas que encontrava ao acaso para transformar toda sua vida, sem experimentar qualquer ansiedade ou dúvida sobre o caminho escolhido. Quando o psicanalista perguntou ao paciente por que, apesar de seu sucesso, ele sentia necessidade de se submeter a uma análise, ele respondeu simplesmente: "Minha esposa me mandou fazer isso". Previsivelmente, ele se tornou um ótimo paciente!

Em 1956, Lacan tomou o "como se" (que agora muitas vezes é citado como uma estrutura limite, *borderline*) como um "mecanismo imaginário de compensações" para o qual os sujeitos recorrem e que "nunca entram no jogo dos significantes, exceto por um tipo exterior de imitação". Essa forma de imitação pode facilmente ser entendida como uma versão do simulacro e da monotonia da qual Benjamin falava.

Quando o sujeito é pego nessa dimensão imaginária, ele tem muitos problemas com sua identidade (embaralhamento de identidade, ilusões de duplos etc.). Uma das características dos psicóticos é que eles são obcecados com imitação, moldando a si mesmos de acordo com um conjunto de ideias e depois, rapidamente, as abandonando, e se identificando fortemente com outras pessoas.

O capitalismo em seu início celebrava o *self made man* que domava o risco empresarial explorando seu talento. O capitalismo tardio levou esse estágio um passo adiante e fez do *self made man* uma mercadoria. Deve haver certamente uma pequena ironia no fato de Edward L. Bernays, sobrinho de Freud, ter sido uma das figuras decisivas para as relações públicas no começo do século, conhecido como "O pai do *spin*".* Uma de suas grandes conquistas foi levar as mulheres ao fumo ao promover a liberdade das mulheres. Ele acreditou que as pessoas compram algo porque uma autoridade com a qual elas se identificam possui tal objeto. O *marketing* contemporâneo reside na premissa de que você cria seu próprio estilo – que você encontra na moda uma expressão particular de si mesmo. É definitivamente irônico ser essa ideologia promovida através do mercado de massa e a filiação a uma marca. E não é verdade existir no mundo nenhuma outra autoridade que o próprio

* "Spin doctor", profissional cujo trabalho é apresentar uma situação, ideia ou evento como sendo melhor do que na realidade (usado principalmente na vida política). [N. T]

indivíduo? Parece claro que a ideologia da não autoridade se baseia em novas autoridades, como as corporações.

Mas são elas as únicas autoridades, é esse mundo tão diferente do passado? Vivemos em um mundo sem limites? Nós temos crescentes Estados intervencionistas, com líderes de inclinação autoritária, como George W. Bush e Tony Blair, e numerosas outras autoridades na forma de gurus da autoajuda, líderes religiosos e semelhantes. Dado que esse é o caso, então porque a ideologia do atual capitalismo nos encoraja a viver "como se" não houvesse limites, verdadeiramente livres? Está o "eu" moderno se afastando da realidade, de alguma forma iludido? Podemos argumentar que o capitalismo tardio está produzindo mais psicoses, como alguns psicanalistas sugerem?

Esta seria uma conclusão pessimista e simplista. Há certamente alguma evidência do aumento da deformação nas formas de identificação. Os jogadores na internet raramente aparecem como eles mesmos, preferindo em muitos casos mudar não apenas de gênero e orientação sexual, mas também de raça, religião e idade. Não há nada novo em fantasiar sobre ser outra pessoa, mas tendências modernas sugerem algo mais profundo. Em um grupo de faixa etária entre 18 e 25 anos, no Reino Unido, a maioria dos jovens conta não apenas ter tido uma experiência sexual tanto com um parceiro do mesmo sexo como do outro, mas também está relutante em classificar sua sexualidade baseada na prática. A distinção gay/hétero parece ter pouco valor para esses jovens em relação a como podem categorizar a si mesmos e aos outros. Como um comentador anotou, "A homossexualidade acabou!"[24]

Entretanto, recusar categorizações e jogar com a sua própria identidade sexual, não é de modo algum o mesmo caso de Schreber e sua ilusão de estar se transformando em uma mulher. Schreber não tinha dúvidas sobre a transformação de seu corpo. E não se trata também de imitação, como no caso do "ótimo paciente" descrito antes e cujas transformações não lhe causavam ansiedade e incerteza. Mas aqueles entre nós que estão se recriando no atual momento têm muitas dúvidas e podem muitas vezes se sentir oprimidos pelo medo do fracasso. Nosso jogo com as identidades é muito diferente da imitação do psicótico. Sua certeza, na contemporaneidade, é trocada por algo que parece ser uma celebração da indeterminação.

Mas essa indeterminação está ela mesma presa aos circuitos capitalistas, como evidenciado pelo aumento – e subsequente *marketing* – do metrossexual. O metrossexual, mais do que uma identidade sexual, é sobretudo um conjunto de identificações pra o consumidor. Assim, sob a atual fase do capitalismo, mudanças de identidade e identificações são celebradas como uma nova onda e transformadas em lucro.

Apesar desse processo, há poucas provas de que, na sociedade contemporânea, o número de psicóticos aumenta. As pessoas estão ainda profundamente preocupadas com a questão de quem são elas para os outros e como devem se relacionar com os outros. Talvez seja esse o motivo de assistirmos a um aumento na obsessão por livros de autoajuda. Certamente vivemos em um mundo que é autocentrado e nos encoraja a "amar a nós mesmos". No entanto, seguir esse imperativo não é algo simples, e por isso achar uma resposta é um negócio lucrativo. Uma simples busca no site Amazon.com pode nos informar que há 138.987 livros que tentam ajudar a amar a si mesmo. Incluindo um com o título *Guia de trabalho para aprender a amar a si mesmo*, que mostra ser o trabalho, como nunca, uma parte importante do capitalismo.

Novas formas de intimidade

Alguns psicanalistas concluem que o "Discurso do Capitalismo" não deixa espaço para o amor, especialmente para o sublime amor cortês. O que temos em seu lugar é o avanço da ilusão narcisística, levando à sexualidade que traria alguma *jouissance* perdida. Jean-Pierre Lebrun[25] conclui que o sujeito de hoje tem problemas para se situar em relação à diferença sexual. Identificação sexual está ligada à maneira como o sujeito se coloca após passar pelo processo de castração.[26] Com as mudanças no campo do complexo de castração, parece haver um retorno à androginia e à bissexualidade. No entanto, o problema principal é que no

"Discurso do Capitalismo" a sexualidade passa a ser percebida de um modo narcisista: "A partir do momento que a sexualidade se torna uma questão de rivalidade competitiva e realização, não se refere mais à escolha de um objeto estável. É principalmente uma questão de sedução".[27]

Se não é possível concordar com as conclusões pessimistas de que a psicose parece estar presente de maneira opressora no atual capitalismo, é necessário admitir que algo mudou na relação entre o sujeito e si mesmo, o sujeito e a sociedade, e que há uma mudança na natureza dos limites, levando à *jouissance* excessiva.

Vamos analisar como a falta de limites afeta as relações pessoais hoje. Uma sociedade determinada pela ideia de escolha nos assuntos ligados ao amor e à sexualidade, de início parece libertadora. O que é melhor do que vislumbrar a possibilidade de estar livre das proibições sociais no que toca nosso prazer sexual? Como parece maravilhoso finalmente parar de se aborrecer sobre o que os pais ou toda a sociedade determinam como uma relação sexual normal; e como parece ser libertário mudar nossa orientação sexual ou até mesmo nossa aparência física da diferença sexual. É mais do que óbvio que tal "liberdade" não traz satisfação; ao contrário, termina impondo limites a ela.

Analisando os desejos humanos, os psicanalistas têm, desde o início, ligado o desejo à proibição. Para o sujeito desenvolver o desejo, alguma coisa tem que estar fora de seus limites.

Quando o sujeito luta contra a presente insatisfação que envolve o insucesso frente ao seu objeto de desejo, a solução não é livrar-se do limite para finalmente se aproximar do objeto de desejo, mas ser capaz, de alguma maneira, de se "afeiçoar" ao próprio limite e perceber o objeto de desejo como digno do nosso esforço, exatamente porque é inacessível.

Observando a fala da mídia sobre a sexualidade hoje, não é difícil observar que há poucas coisas que são proibidas (com a exceção da pedofilia, incesto e abuso sexual), enquanto há uma opressora pressão pela "busca do prazer". A transgressão sexual é marcada como a última forma de prazer possível. A ideia é a de que se alguém trabalhar nela, aprender seus truques e praticá-la sem descanso, não há limites para a satisfação que uma pessoa pode atingir. A revista *Cosmopolitan* encoraja aqueles que não dominaram ainda as novas técnicas do prazer sem fim a se matricularem em escolas do sexo. Simultaneamente a esse marketing do prazer, é possível encontrar na mídia popular a mesma impossibilidade do prazer. John Gray, o famoso autor de *Homens são de Marte, mulheres são de Vênus*, agora escreve sobre "Por que minha avó parece fazer mais sexo do que eu?"[28] Sua resposta, claro, outra vez se transforma em conselho: seja mais relaxado, siga estes ou aqueles passos para despertar o desejo etc.

Quando observamos o modo como lidamos com a sexualidade, nessa suposta ausência de limites da sociedade, é fácil ver que os limites na verdade não desapareceram ou que as proibições ainda existem, mas o *lócus* de onde eles surgem foi alterado. Se no passado as proibições eram transmitidas com a ajuda de ritos sociais (como as iniciações sociais na sociedade pré-moderna, a atividade do "Nome-do-Pai", na tradicional sociedade patriarcal), hoje o sujeito determina seus próprios limites. O sujeito contemporâneo é assim não apenas seu próprio criador, mas também seu próprio "proibidor". Podemos notar uma particular forma de proibição no masoquismo. A psicanálise toma o masoquismo como uma forma de perversão. É claro, o termo perversão não é usado aqui no sentido pejorativo. Para a psicanálise, o pervertido é o sujeito para quem a castração não foi inteiramente completada, e essa é a razão pela qual o sujeito promove uma busca sem fim pela lei que pode completar a castração. Perversão não é estar além da lei, mas a tentativa de alcançá-la. Um masoquista é alguém que procura especialmente pela lei e que quer ser punido. Assim, ele não procura um sádico para completar sua tarefa. O termo sadomasoquismo é uma descrição errada de dois tipos diferentes de prazer com a tortura. Como Gilles Deleuze disse,[29] um masoquista e um sádico não formam um casal. Um sádico toma a si mesmo como um executor de um desejo maior, um ideal. Ele toma a si mesmo como um mero objeto pelo qual esse ideal goza. E o sádico tortura as vítimas porque ele está executando essa vontade maior. O masoquista, ao contrário, procura pelos torturadores que o próprio masoquista educará e instruirá em como surrá-lo etc. Na situação masoquista, a vítima fala por meio do torturador: aqui, portanto, não é o torturador que inventa formas de castigo; o inventor é a própria vítima.

O torturador é geralmente uma mulher que faz o papel da mãe fria e severa. É essencial para o masoquista estabelecer um contrato com o torturador, que descreve em detalhes a condição da tortura. O masoquista é assim não apenas amarrado pelas correntes, mas pela força do contrato no qual investe no torturador a força simbólica da lei. O torturador age como uma mãe cruel que humilha a figura paterna, que é encarnada pela própria vítima. Assim, o masoquista impõe a lei em sua mãe – o objeto de prazer incestuoso –, e ao fazer isso exclui o pai do simbólico. Paradoxalmente, o pai excluído retorna no lugar do próprio masoquista, porque o masoquista toma o papel do pai fraco e humilhado que precisa ser castigado.

Para o masoquista, a castração não foi completada, e isso significa estar a lei simbólica parcialmente em ação. Esse é o motivo pelo qual o masoquista, em seu ritual de tortura, faz a caricatura da castração e tenta completar a lei por meio de seu contrato com a amante. O sujeito (isto é, histérico ou obsessivo) para quem a castração foi eficiente está sempre insatisfeito com os meios pelos quais tenta preencher essa falta: o sujeito se queixa da lei que supostamente impede seu prazer; no entanto, o sujeito descobre um prazer especial nessa mesma insatisfação. Mas o masoquista encontra o prazer no castigo imposto pela lei que ele mesmo estabeleceu. Como falta a ele a proibição simbólica, o masoquista se torna o carrasco de si mesmo.[30]

Quando o sujeito lida com a castração, ele lida com a insatisfação. Hoje, o que observamos é o crescimento da frustração, e não da escala de insatisfação. A frustração está, de um modo especial, ligada ao problema do sujeito com a *jouissance*. Jean-Pierre Lebrun pensa que "quando o desejo pela *jouissance* domina o campo social, a irmandade solidária do proletariado é trocada pela competição e pela rivalidade competitiva. De onde emerge a exacerbação do ódio social".[31] No racismo contemporâneo, por exemplo, o sujeito pressupõe que o Outro tenha acesso à *jouissance* plena, que provoca a frustração no sujeito. Nas relações pessoais, o problema é que o sujeito tenta obter algum prazer a mais do parceiro (para os homens, o sexual; para as mulheres, narcisista) e depois que essa tentativa necessariamente falha, o parceiro perde importância e se torna um dos objetos que podem facilmente ser rejeitados. Para o sujeito que não tem identificações estáveis, mas escolhas flutuantes de objetos, instabilidade de investimentos afetivos e rapidamente passa ao ato, uma maneira de tentar a encontrar a *jouissance* perdida se dá com a ajuda de substâncias que viciam. Assim, o aumento no comportamento viciante hoje.

Mas estamos prevendo um futuro desolador? No lugar de enfatizar a falta de proibição na sociedade hoje, eu ressaltaria que a natureza da proibição mudou. De um lado, o sujeito cada vez mais procura por novas formas de prazer e assim está sob a constante pressão do consumo (que tristemente, muitas vezes o leva ao consumo de si mesmo), mas, por outro, o sujeito procura desesperadamente novas formas de limites sociais. A autoproibição abre as portas para novas formas de desespero. E com a falta de autoridades tradicionais, o sujeito não parece estar próximo da "felicidade". Ele procura desesperadamente por novas autoridades. Uma visita a qualquer livraria ou a simples busca na internet nos mostra que a assim chamada indústria de autoajuda é um dos negócios em franca e rápida expansão. Seria apressado afirmar que vivemos em uma sociedade onde o Grande Outro não existe mais ou onde os sujeitos estão mais inclinados a psicose. A dependência da cultura de conselhos mostra estarem os sujeitos precisando recorrer ainda ao Grande Outro.

Embora Benjamin tenha previsto que as preocupações superconsumiriam as pessoas no capitalismo, ele também fez uma enigmática observação: "O conceito de progresso deve ser baseado na ideia de catástrofe. Que as coisas seja *status quo* é catastrófico. Não é a possibilidade sempre presente, mas o que está dado em cada caso. A ideia de Strinberg: o inferno não é algo que nos espera, mas a vida aqui e agora".[32] Talvez a sombria previsão de que estamos entrando em uma sociedade dominada pela psicose expresse esse mesmo prazer com as catástrofes. É a maior catástrofe na sociedade de hoje o fato de a natureza de nossas preocupações não ter mudado muito? De toda maneira, sentimos que superamos nossos predecessores em nosso sofrimento.

Notas

1 Will Fergusson. *Ser feliz.* São Paulo: Companhia das Letras, 2003.

2 Jacques Lacan. *Écrits: a selection.* Trad. Alan Sheridon. Nova York: W. W. Norton, 1977, p. 252.

3 *Ibidem.*

4 Walter Benjamin. "Capitalism as religion". Em W. Benjamin. *Selected writings vol. 1: 1913-1926.* Marcus Bullock e Michael W. Jennings (editores). Cambridge: Belknap Press, 1996, p. 288.

5 Walter Benjamin. "Exchange with Adorno on *The flâneur*, em W. Benjamin, *Selected writings vol. 4: 1938-1940.* Howard Eiland e Michael W. Jennings (editores). Cambridge: Belknap Press, 2003, p. 208.

6 Sobre a ideia do trabalho no amor, Laura Kipnis, *Against Love: a polemic.* Nova York: Pantheon, 2003.

7 Michel Foucault. *The history f sexuality: the care of the self.* Nova York: Vintage, 1988.

8 Ulrich Beck. *Risk society: towards a new modernity.* Londres: Sage, 1992; U. Beck e Elisabeth Beck-Gernsheim. *Individualization: institutionalized individualism and its social and political consequences.* Sage, 2002.

9 Mais sobre isso em: Renata Salecl, *On anxiety.* Londres: Routledge, 2004.

10 Há também o chamado efeito Monte Carlo na escolha (especialmente no jogo) que mostra que quanto maior a sequencia de fracassos, maior a expectativa de sucesso (a razão pela qual as apostas aumentam a cada perda).

11 Barry Schwartz. *The paradox of choice.* Nova York: Ecco, 2004.

12 Sobre os problemas com a escolha na medicina hoje, Atul Gawande. *Complications: a surgeon's notes on an imperfect science.* Nova York: Picador, 2003.

13 B. Schartz. *The paradox of choice, op. cit.*

14 Ernesto Laclau. *Emancipation(s).* Londres: Verso, 1996; Jannis Stavrakakis. *Lacan and the political.* Londres: Routledge, 1999.

15 Pierre Legendre. "The other dimension of law", in 16 *Cardozo Law Review.* Nova York, 1995, p. 934.

16 *Idem*, p. 950.

17 Particularmente, Charles Melman. *L'homme sans gravité: jouir à tout prix.* Paris: Denoel, 2002 e Jean-Pierre Lebrun. *Un monde sans limite: essai pour une Clinique psychanalytique du social.* Toulouse: Eres, 1997.

18 Jacques Lacan desenvolveu essa teoria em sua palestra na Universidade de Milão em 12 de maio de 1972. O texto original não foi publicado.

19 Um tipo de crítica do capitalismo tardio aponta que o consumidor é apenas um *semblant* do agente, seguindo apenas um *semblant* de liberdade. Na realidade, ele está sob a pressão da exigência. Agora, essa exigência não vem do Significante Mestre, mas do lugar da *jouissance* – o pequeno objeto.

20 J. P. Lebrun, *supra* nota 17, p. 250.

21 Jacques-Alain Miller e Eric Laurent, "The other who does not exist and his ethical committees" in *Almanac of psychoanalisys 1*, 1998, p. 15-35.

22 Dany-Robert Dufour, *L'art de réduire les têtes: sur la nouvelle servitude de l'homme libéré à l'ère du capitalisme total.* Paris: Denoel, 2003, p. 44.

23 *Idem,* p. 70.

24 Meu agradecimento para Henrietta Moore por esta sua análise da cultura do Reino Unido.

25 J. P. Lebrun, ver nota 17.

26 Em seu seminário sobre a ansiedade, Lacan colocou a castração como o último pré-requisito para a sexualidade masculina. Homens lidam com a castração ao supor que foi "papai quem tomou algo deles". Se o homem pensar dessa maneira, Lacan diz, tudo terminará bem para o sujeito – isto é, ele estará apto a encontrar uma certa satisfação na sua vida sexual. E, não importa o que aconteça de errado, a culpa é do papai. Ver Jacques Lacan, "Angoisse" (2004). Se a castração não foi efetiva na vida de um homem, isto é, se não houve um "não" do pai, então, Lacan diz, o homem percebe a si mesmo como um pecador indiscutível, e assim sua sexualidade se torna extremamente proibitiva para ele. Como se a morte de Deus não trouxesse a tal liberação, mas a proibição extrema; quando a castração não foi completa para o sujeito, sua sexualidade se torna também proibida.

27 J. P. Lebrun, *supra* nota 17, p. 251.

28 O tema foi discutido no website de John Gray: http://www.marsvenus.com (última visita feita em 1º de fevereiro de 2005).

29 Gilles Deleuze, *Masochism: coldness and cruelty*. Nova York: Zone Books, 1991.

30 Mais sobre o assunto em: Renata Salecl, *(Per)versions of love and hate*. Londres: Verso, 1998.

31 Lebrun, *supra* nota 17, p. 250.

32 Walter Benjamin, "Central Park", em W. Benjamin, *Selected writings vol. 4: 1938-1940*. Howard Eiland e Michael W. Jennings (editores), Cambridge: Belknap Press, 2003, p. 185.

Situações

Imaginada como uma forma de intervenção cultural junto ao leitor, a coleção *Situações* oferece breves ensaios sobre temas, personagens e questões contemporâneas.

Dividida em dois módulos, *Situações* e *Situações* S.I. – com textos que comentam a atual produção de som e imagem e seus criadores –, a série promove o trabalho de novos autores no cenário cultural brasileiro a fim de propor uma ágil e original reflexão sobre os fatos do mundo.

ESTA OBRA FOI IMPRESSA EM SANTA CATARINA NO INVERNO DE 2012 PELA NOVA LETRA GRÁFICA & EDITORA. NO TEXTO FOI UTILIZADA A FONTE ADOBE GARAMOND PRO, EM CORPO 12 E ENTRELINHA DE 15,5 PONTOS.